180 Puzzles
Wordoku

On-The-Go companion

Medium Level
Vol.1

This book Belongs To

....

....

index

Suitability:

This book is perfect for puzzle enthusiasts who are ready to take their skills to the next level. Whether you're an intermediate solver seeking a stimulating challenge or a seasoned puzzler in search of an entertaining diversion, this book has something for everyone.

Introduction:

Welcome to the captivating world of Wordoku puzzles! Combining the challenge of Sudoku with the intrigue of word search, Wordoku offers a unique twist that will test your logic and vocabulary skills. In this puzzle book, you will embark on an exciting journey, solving Sudoku grids where a secret 9-letter word hides within one of the rows, columns, or diagonals. Each puzzle provides all the letters required to uncover the hidden word, and remember, no letter can repeat within a row, column except diagonals. Get ready for hours of brain-teasing fun as you sharpen your puzzle-solving prowess!

Instructions:

1.   Objective: The objective of Wordoku is to complete the 9x9 grid with letters in a way that forms words while ensuring that no letter repeats within a row or column (except diagonally). Your ultimate goal is to find the hidden 9-letter word located in one of the rows, columns, or diagonals.

2.   Puzzle Grid: Each Wordoku puzzle consists of a 9x9 grid, divided into nine 3x3 sub-grids. To aid your solving process, some of the letters needed to form the hidden word will be provided initially.

3.   Hidden Word Placement: The hidden word will always be positioned in one of the rows, columns, or diagonals. It can be read from left to right, top to bottom, or top to bottom diagonally.

4.   Letter Placement: Fill in the empty cells of the grid with letters to complete the hidden word. Remember that each row and column must contain a unique set of letters, but this rule does not apply to the diagonals.

5.   Provided Letters: At the bottom of each puzzle, you will find a list of all the letters necessary to complete the grid and uncover the hidden word. These letters are carefully selected from the hidden word itself, ensuring that each puzzle is solvable.

6.   Solving Strategies: To solve a Wordoku puzzle, employ logical deduction and pattern recognition. Take note of the provided letters and consider their placement within the grid. Look for patterns and intersections that will help you determine the correct positions for the remaining letters. As you progress, fill in the cells with letters that adhere to the puzzle's constraints.

7.   Hidden Word Revelation: Once you have successfully filled in all the cells, step back and examine your completed grid. Trace a path along the rows, columns, or diagonals to reveal the hidden 9-letter word concealed within the puzzle.

Enjoy the satisfaction of unraveling the secret!

Example: Let's walk through an example to illustrate how to play Wordoku and find the hidden word:

Hidden Word: NAVIGATOR

Given Letters: A, G, I, N, O, P, R, T, V

No letter can repeat within a row.

				A	O			
		R			V		N	O
T		V	G					A
	R					O		
V	P	N	O	G	R	A	T	I
		I					R	
P					N	T		V
R	N		V			G		
			P	O				

No letter can repeat within a column.

N				A	O			
	A	R		P	V		N	O
T		V	G	N				A
	R		I	T		O		
V				G				I
		I		V	A		R	
P				R	N	T		V
R	N		V	I		G	O	
			P	O				R

No letter can repeat within a sub-grid.

				A	O			
		R			V		N	O
T		V	G					A
	R		I	T	P	O		
V			O	G	R			I
		I	N	V	A		R	
P					N	T		V
R	N		V			G		
			P	O				

Secret 9-letter word hides within one of the rows, columns, or diagonals.

Each Wordoku puzzle in this book is meticulously crafted to provide an enjoyable solving experience while challenging your cognitive abilities. With puzzles of varying difficulty levels, this book provides countless hours of brain-teasing fun. So, grab a pen and immerse yourself in the captivating world of Wordoku!

Happy puzzling!

Medium
puzzles

Puzzle 1 - Medium

B, C, E, I, L, M, N, O, U

Puzzle 2 - Medium

A, B, D, E, G, I, K, N, R

Puzzle 3 - Medium

R	W				I			
N		O				R		
		D		O		W		
Z				R	D			
	T						I	
			Z	W				A
		W		D		I		
		I				T		D
			R				W	N

A, D, I, N, O, R, T, W, Z

Puzzle 4 - Medium

		C			T			
	K				C		G	A
	H			B				
				I	G			T
C			K		F			I
F			H	T				
				F			K	
H	T		I				A	
			T			H		

A, B, C, F, G, H, I, K, T

Puzzle 5 - Medium

	O		Y					A
				C	O		Y	
	C	Y					E	
E				A				
		R	H			C	M	
				E				R
	H					K	R	
	M		C	O				
C				A			O	

A, C, E, H, K, M, O, R, Y

Puzzle 6 - Medium

		E			R	J		
N	P							
			S	I			K	
		K		R	J	N		
	R						I	
		N	P	L		R		
	E			S	P			
							E	K
		P	R			I		

E, I, J, K, L, N, P, R, S

Puzzle 7 - Medium

		Q	R					S
	E		S		X		Q	
R				S		N		
N		I				S		K
		X		T				R
	K		Q		T		X	
T					R	E		

E, I, K, N, Q, R, S, T, X

Puzzle 8 - Medium

K			H			S		I
		S			O	J	K	
	M		S					
T		J						
			J		S			
						T		O
					I		T	
	E	I	K			O		
M		O			H			K

E, H, I, J, K, M, O, S, T

Puzzle 9 - Medium

		N		M		Y		
	R				Y			
M				L		O		
I				N				O
			T		O			
R			A					I
		Y		O				R
			M				T	
		T		N		M		

A, I, L, M, N, O, R, T, Y

Puzzle 10 - Medium

		E	Q		Y			R
				C			Q	
	I			F	A			C
	F	C	E					
					C	Q	R	
E			C	Y			B	
	C			E				
Y			B		F	R		

A, B, C, E, F, I, Q, R, Y

Puzzle 11 - Medium

I			O				C	
		D	N		S	T		A
		I				D		
N					S			
S								C
	T							I
	N			I				
T		A	U		N	D		
	U			D				N

A, C, D, I, N, O, S, T, U

Puzzle 12 - Medium

	R		U		L			
	C			L			G	
	N		A	C		S		
	G		N		A			
N		C		U				
R	S	L	U					
O		A		G				
	N		S	O				

A, C, G, L, N, O, R, S, U

Puzzle 13 - Medium

E		I	O					
	C				I		S	
N		O		Z				
	E		N			C		I
C		Z			M		K	
			K			I		O
	M		Z				C	
					O	E		S

C, E, I, K, M, N, O, S, Z

Puzzle 14 - Medium

			W				S	H
		H	I	S			F	
				C				
		O		C	I			F
		C			H			
I			S	O	N			
		C						
	S			H	L	I		
O	H			N				

C, F, H, I, L, N, O, S, W

Puzzle 15 - Medium

A, E, H, I, M, O, P, X, Y

Puzzle 16 - Medium

A, C, I, P, R, T, U, Y, Z

Puzzle 17 - Medium

E				S	X			
D						E	K	
S			E		D			
			R	L		X		
	D						P	
		R		Y	S			
			K		L			E
	E	X						P
			P	D				Y

D, E, K, L, P, R, S, X, Y

Puzzle 18 - Medium

		E	N					
	A				O	N		
O				C	D		T	
	U						C	
N		A				E		U
	I						O	
	C		A	E				O
		D	I				A	
					T	C		

A, C, D, E, I, N, O, T, U

Puzzle 19 - Medium

L								R
	O						I	A
			O	C	N			
I			N	S				
		A	R		L			
			A	C				O
		C	S	I				
N	R						O	
T								L

A, C, I, L, N, O, R, S, T

Puzzle 20 - Medium

	A			E				
P			M					
	I					R	M	A
A			P			T	R	
			T		I			
	T	S			R			P
I	S	P					T	
					E			S
			M				N	

A, E, I, M, N, P, R, S, T

Puzzle 21 - Medium

		S						H
H		N			R			
		I					A	G
	I			H				R
		N			D			
	D			P			S	
G	S				A			
		H				S		P
D						G		

A, D, G, H, I, N, P, R, S

Puzzle 22 - Medium

	C		A		G	K		
			T					
	A		I			L		
L						H	K	G
K								J
H	T	G						A
		T			H		G	
				C				
H			H	J		A		T

A, C, G, H, I, J, K, L, T

Puzzle 23 - Medium

R			I		N			M
O	L					T		Y
Y		N		I	M	R		
		R	Y	N		O		A
T		A					Y	R
M			A		Y			O

A, I, L, M, N, O, R, T, Y

Puzzle 24 - Medium

O	P	A		T		J		E
						O		
	W		R					
		W			O		P	
U				R				A
	A		T			R		
					T		O	
		U						
T				E		P	W	R

A, E, J, O, P, R, T, U, W

Puzzle 25 - Medium

D			N			U		F
		W		E				
		U	F	L				
U	R	F						
O								D
						F	L	O
				W	F	L		
				U		O		
F		E			N			U

D, E, F, L, N, O, R, U, W

Puzzle 26 - Medium

			T					E
	A		U			S		
		T		F		D	A	
A	D							
	X	F				T	D	
							I	S
	T	E		D		I		
		I			U		E	
X				S				

A, D, E, F, I, S, T, U, X

Puzzle 27 - Medium

A, B, C, N, O, R, S, T, U

Puzzle 28 - Medium

A, C, E, I, M, N, O, Q, Z

Puzzle 29 - Medium

	P					N		O
				D			T	
A					O			
I		P	O			E		
R	A						O	T
		O			A	P		I
			P					N
	O			A				
E		R					P	

A, D, E, I, N, O, P, R, T

Puzzle 30 - Medium

	T		O		C		H	
	O		A				S	W
				W		A		
S							C	
		C				H		
	D							T
		D		G				
H	S				O		W	
	A		C		D		G	

A, C, D, G, H, O, S, T, W

Puzzle 31 - Medium

						N		
			L		T	O		S
S					R			
L					S		A	
R	I		O		A		T	N
	O		R					E
			S					T
A		I	T		L			
		E						

A, E, I, L, N, O, R, S, T

Puzzle 32 - Medium

		R			B	L		
D	A		S			M		
			D				C	
C	L	D		E			A	
	S			A		D	M	R
	R			D				
		S		M			D	C
		L			E			

A, B, C, D, E, L, M, R, S

Puzzle 33 - Medium

				I				N	
R									
			R						I
	G			N			H	R	
		G		H				J	
	S							H	
	N			G		A			
	A	R		O				S	
S				R					
	H				J				N

A, G, H, I, J, N, O, R, S

Puzzle 34 - Medium

			R	E	U			
	T	Q						S
S	R						O	
	U			O	Z			Q
R		Z	T		S			
	T						Q	U
Q				Z	O			
		S	U	A				

A, E, O, Q, R, S, T, U, Z

Puzzle 35 - Medium

A, C, E, G, I, M, T, U, Z

Puzzle 36 - Medium

B, C, D, E, I, M, U, W, Y

Puzzle 37 - Medium

E	M		P				S	
	X	S	M					E
					X			
					M	P		
K		X				V		S
		D	K					
			V					
R					D	M	E	
	V				E		R	D

D, E, K, M, P, R, S, V, X

Puzzle 38 - Medium

E	U							
C			S	Z				
						R	N	C
	C	H	N			Z		
			Z		S			
		A			H	N	C	
A	S	U						
				E	C			N
							R	U

A, C, E, H, N, R, S, U, Z

Puzzle 39 - Medium

	A	R	T				V	
				F			I	
	F	I		R				
	T		R	O				
I	P						R	C
				I	P		F	
				V		T	C	
	R			P				
	C				O	V		

A, C, F, I, O, P, R, T, V

Puzzle 40 - Medium

P		N			V			
O	A			H		N	V	
V								P
			P	O				E
A				R	H			
R								O
	Y	O		N			E	V
			V			H		A

A, E, H, N, O, P, R, V, Y

Puzzle 41 - Medium

				H			N	G
I			N			T		E
L			E				R	
	E			A	R		T	
	R		L	N			A	
	I				E			T
N			L		G			R
R	G							

A, E, G, H, I, L, N, R, T

Puzzle 42 - Medium

Y	O			L		U		
V			I		U			
	L			V				
	S	Y	U			R		
		L			Y	O	A	
			U				Y	
			L		A			S
		I		Y			O	A

A, I, L, O, R, S, U, V, Y

Puzzle 43 - Medium

E, I, M, N, O, P, R, T, Y

Puzzle 44 - Medium

B, D, E, I, L, O, R, S, V

Puzzle 45 - Medium

A, H, I, K, L, N, S, V, Y

Puzzle 46 - Medium

A, E, G, H, I, M, N, R, T

Puzzle 47 - Medium

T				M		U		
M			T		P			
					A	L		
		T		P	I		A	
		A				I		
	L		A	K		T		
		P	L					
			I		C			T
		I		T				A

A, C, I, K, L, M, P, T, U

Puzzle 48 - Medium

				R		M	L	
				O	N		R	W
O	L							
					R		N	
		O				E		
	M		O					
							W	V
E	I		V	L				
	O	V		M				

E, I, L, M, N, O, R, V, W

Puzzle 49 - Medium

A, E, I, K, L, Q, S, U, Y

Puzzle 50 - Medium

A, B, D, N, O, R, S, U, W

Puzzle 51 - Medium

		O			I		N	
L	N							E
E				W				
			G		O	I		
M		C				N		O
		I	C		E			
				G				I
I							L	N
	O		M			W		

C, E, G, I, L, M, N, O, W

Puzzle 52 - Medium

M		I				A	C	
		B	V	C				
		C			N	O		
B			O					
		O			S			
			I					M
	S	A				I		
			B	O	C			
	C	N			B			S

A, B, C, I, M, N, O, S, V

Puzzle 53 - Medium

A, C, D, E, M, N, O, P, T

Puzzle 54 - Medium

A, D, E, I, M, N, O, S, X

Puzzle 55 - Medium

T	L			D		R	
			I			O	T
	O		X				
	R				D		O
	L					I	
O		T			L		
				O		X	
L	I		B				
	X		T			O	E

B, D, E, I, L, O, R, T, X

Puzzle 56 - Medium

E			M				R
	A		T				L
W		K				T	
	W		A				M
	O				T		
L			K				A
	L				A		E
R			M			L	
M				W			K

A, E, K, L, M, O, R, T, W

Puzzle 57 - Medium

A, C, E, H, I, L, N, O, T

Puzzle 58 - Medium

A, E, F, G, H, I, R, S, T

Puzzle 59 - Medium

	E			I	Y	T		
	X		O					
			N	V				
V	I						X	C
		E				V		
C	O						T	Y
			C		T			
					O		I	
		T	Y	V			O	

C, E, I, N, O, T, V, X, Y

Puzzle 60 - Medium

			C				E	
T	K		P	E	S			
					K			U
	P			E	C	U		
	I	U		Q			K	
U		P						
		Q	P	S			I	T
	E			T				

C, E, I, K, P, Q, S, T, U

Puzzle 61 - Medium

								X
		E	M				D	T
T		R				E		
			R	T				M
	C			E			R	
O				D	C			
		X				T		O
L	T				X	C		
M								

C, D, E, L, M, O, R, T, X

Puzzle 62 - Medium

	W	T			H			
O						N		G
E							H	
T	E	Q		O				
		N		W				
			Q			T	I	H
	H							Q
G		N						E
		W				I	G	

E, G, H, I, N, O, Q, T, W

Puzzle 63 - Medium

	V		R			G		
N		G				O		I
			V				E	
				E		T		O
	O						I	
G		T		I				
	T				R			
E		O				I		R
		N			H		O	

E, G, H, I, N, O, R, T, V

Puzzle 64 - Medium

			U				M	
				C	T			
A		T	O					U
		O		C	R			M
		S				A		
T			U	Y		O		
U					Y	S		O
		Y	C					
	S			A				

A, C, M, O, R, S, T, U, Y

Puzzle 65 - Medium

	L					A		M
						O		
	V			U	A	E		
			E	M				R
R			O		S			V
A				R	V			
		M	R	L			S	
		A						
L		O						E

A, E, L, M, O, R, S, U, V

Puzzle 66 - Medium

Y	M							T
				S	A			
				O			R	Y
			A	Y		R		S
		R				U		
M		Y		U	S			
O	C			T				
			M	C				
S							O	M

A, C, M, O, R, S, T, U, Y

Puzzle 67 - Medium

E	W							
	A	O	W		S			
					H	V	O	
			S	K				E
		E				A		
K				H	V			
	V	K	C					
			H		O	K	V	
							E	S

A, C, E, H, K, O, S, V, W

Puzzle 68 - Medium

				M	Y	T		
	I					A	M	
	A		T					Y
	S	R	I					
			Y		R			
					A	L	T	
	L				T		S	
	R	Y					L	
		S	R	C				

A, C, I, L, M, R, S, T, Y

Puzzle 69 - Medium

A, C, E, J, K, M, P, R, U

Puzzle 70 - Medium

B, C, E, N, O, R, S, T, U

Puzzle 71 - Medium

A, C, H, L, M, S, T, Y, Z

Puzzle 72 - Medium

A, B, C, I, N, O, R, T, U

Puzzle 73 - Medium

<table>
<tr><td>A</td><td>N</td><td>D</td><td></td><td></td><td></td><td></td><td></td><td></td></tr>
<tr><td></td><td></td><td>E</td><td></td><td>R</td><td>K</td><td></td><td></td><td></td></tr>
<tr><td></td><td></td><td>B</td><td></td><td></td><td></td><td></td><td></td><td>N</td></tr>
<tr><td></td><td></td><td>A</td><td>E</td><td></td><td></td><td></td><td></td><td></td></tr>
<tr><td>G</td><td></td><td>R</td><td></td><td>A</td><td></td><td>D</td><td></td><td>E</td></tr>
<tr><td></td><td></td><td></td><td></td><td></td><td>D</td><td>N</td><td></td><td></td></tr>
<tr><td>E</td><td></td><td></td><td></td><td></td><td></td><td>R</td><td></td><td></td></tr>
<tr><td></td><td></td><td></td><td>I</td><td>B</td><td></td><td>K</td><td></td><td></td></tr>
<tr><td></td><td></td><td></td><td></td><td></td><td></td><td>I</td><td>N</td><td>D</td></tr>
</table>

A, B, D, E, G, I, K, N, R

Puzzle 74 - Medium

<table>
<tr><td>N</td><td></td><td></td><td></td><td>R</td><td></td><td>L</td><td></td><td>I</td></tr>
<tr><td></td><td></td><td>R</td><td></td><td></td><td>E</td><td></td><td>A</td><td></td></tr>
<tr><td>A</td><td></td><td></td><td></td><td></td><td>U</td><td></td><td></td><td>N</td></tr>
<tr><td></td><td>A</td><td></td><td></td><td>T</td><td></td><td></td><td></td><td>L</td></tr>
<tr><td></td><td></td><td></td><td></td><td></td><td></td><td></td><td></td><td></td></tr>
<tr><td>R</td><td></td><td></td><td></td><td>A</td><td></td><td></td><td>T</td><td></td></tr>
<tr><td>T</td><td></td><td>U</td><td></td><td></td><td></td><td></td><td></td><td>A</td></tr>
<tr><td></td><td>I</td><td></td><td>L</td><td></td><td>Z</td><td></td><td></td><td></td></tr>
<tr><td></td><td>L</td><td>E</td><td></td><td>I</td><td></td><td></td><td></td><td>U</td></tr>
</table>

A, E, I, L, N, R, T, U, Z

Puzzle 75 - Medium

		W				O		C
	C			S				R
					E			
	E			W	S			
	O	R	V		A	P	W	
			O	P			R	
			W					
V				R			O	
A		P				S		

A, C, E, O, P, R, S, V, W

Puzzle 76 - Medium

A					L		I	
	M							Q
			O	E		U		A
	O		Q				M	
E		U				L		R
	L				U		Q	
Q		M		U	R			
U							E	
			M					L

A, E, I, L, M, O, Q, R, U

Puzzle 77 - Medium

			P	G				
		R	I	E				T
	E				M			I
M		E				R		
	T						M	
		I				T		E
A			M				R	
P				T	N	I		
				R	G			

A, E, G, I, M, N, P, R, T

Puzzle 78 - Medium

	M			Y	R		A	
							L	M
V					O			
R			M	V	A			
M			L		A			I
		L		O	X			R
		M						V
X	A							
	L		O				I	

A, I, L, M, O, R, V, X, Y

Puzzle 79 - Medium

		O		M				S
		N	R	S			I	
	F					O	N	
	R		S					
F								E
				M		S		
	P	I					E	
	M			P	F	S		
O				R		I		

E, F, I, M, N, O, P, R, S

Puzzle 80 - Medium

	L							E
H				L		S		
		E						N
			E			Y	K	
		K		H		E		
	V	L			O			
S						L		
		N		S				K
O							Y	

E, H, K, L, N, O, S, V, Y

Puzzle 81 - Medium

A, E, F, H, I, L, N, T, V

Puzzle 82 - Medium

A, B, C, D, I, K, L, R, X

Puzzle 83 - Medium

C		H			T			R
	A	H		K				
		C				A	B	
			H				T	
	B	T		F	H			
T			I					
S	I			B				
		I		A		K		
		K				I		T

A, B, C, F, H, I, K, S, T

Puzzle 84 - Medium

		A						R
K				L		B		
	D	B	E	I				
	R				K		A	
		L		E				
L		K				D		
			B	R	N	A		
	A		D					K
B					D			

A, B, D, E, I, K, L, N, R

Puzzle 85 - Medium

	S							
Y		P		L				
			S	T		P	E	
	D		L			E		T
S								D
T		L			S		Y	
	P	Y		M	D			
			N		M			P
							T	

D, E, L, M, N, P, S, T, Y

Puzzle 86 - Medium

	T							S
	S	E	A					
		N	M		R			
M			I			P		
	T				I			
E			A					M
	N		P	T				
					A	P	R	
A							S	

A, E, I, M, N, P, R, S, T

Puzzle 87 - Medium

	U							
	S		I	R				
	N	R					A	E
	T		N	G				
G	I						E	N
			S	E			U	
S	G					E	R	
			A	S			N	
							I	

A, E, G, I, N, R, S, T, U

Puzzle 88 - Medium

	L	E	V				A	
		V				G	S	E
			S					
	R		L	G				
			V					
			R	S			L	
			E					
L	A	W				E		
	E				R	I	G	

A, E, G, I, L, R, S, V, W

Puzzle 89 - Medium

P		X		O			A	
S						P		
	A		P				M	I
							I	
	H		A		M		X	
	U							
O	X				S		P	
		I						A
	M			I		X		S

A, H, I, M, O, P, S, U, X

Puzzle 90 - Medium

O			L		I		R	
L	Y			R				
U							Y	
		T					N	
	Y		E			T		
	O					E		
	U							R
				N			I	L
S	R		I		T			E

E, I, L, N, O, R, T, U, Y

Puzzle 91 - Medium

	C	P	T	I				
H								
		I	P	R				O
					I	T	C	
	R						H	
	P	F	H					
O				K	T	H		
								K
				O	P	I	F	

C, F, H, I, K, O, P, R, T

Puzzle 92 - Medium

					Y		I	L
		C	G					
X	E	L						
				X	D		N	
	C		N		L		X	
	D		C	Y				
						N	D	I
					I	Y		
C	N		Y					

C, D, E, G, I, L, N, X, Y

Puzzle 93 - Medium

B, C, H, L, N, O, P, U, W

Puzzle 94 - Medium

D, E, I, J, L, N, O, T, Y

Puzzle 95 - Medium

	L	R						W
			D	A	R			
		R					A	
		W		D				K
	Y		A		J			
L		G		R				
	A			Y				
	J	D	R					
K						W	G	

A, D, G, J, K, L, R, W, Y

Puzzle 96 - Medium

		I		T				C
	O							
E			L		T			O
		I				E		A
L	E					I		S
I	A			L				
A		S		E				L
							T	
U			C		O			

A, C, E, I, L, O, S, T, U

Puzzle 97 - Medium

		L				A		J
A					U		N	
				E	L			
	C			B				U
	U	B				N	C	
E				J			A	
		E	C					
	A		B					N
N		U				I		

A, B, C, E, I, J, L, N, U

Puzzle 98 - Medium

L	W							C
	A			L				
	E	N				S		P
W			D					
			N		P			
					C			L
P		D				A	N	
				A			P	
S							W	E

A, C, D, E, L, N, P, S, W

Puzzle 99 - Medium

I								T
			C	K	W		I	
		P					C	W
	O		P	S				
			O		T			
			H	I			T	
O	S					C		
	W		I	O	S			
T								H

C, H, I, K, O, P, S, T, W

Puzzle 100 - Medium

			T		R		E	
				J				R
J		A						
		T	G					B
	J	R	O		B	E	A	
B				E	U			
					B			O
O			U					
	T		A		O			

A, B, E, G, J, O, R, T, U

Puzzle 101 - Medium

	H		T	C	O			
	N				R			H
R	U		N		H			
		E	O			H		
		U			N	R		
			J		U		O	N
J			R				E	
			E	O			H	

C, E, H, J, N, O, R, T, U

Puzzle 102 - Medium

A				E		R		
					N		E	M
			H	C		K		
			B					C
		N				A		
	C				A			
		E		R	K			
B	K		C					
		C		H				E

A, B, C, E, H, K, M, N, R

Puzzle 103 - Medium

		S	V		X			O
		O					V	
	E					N		X
W			E					
			O	R	N			
					S			R
N		R					W	
		I				S		
S			I		E	X		

E, I, N, O, R, S, V, W, X

Puzzle 104 - Medium

	S							
		O	S	D				
N		W		R				B
				B	R	W		U
			U		S			
D		U	O	N				
B				O		D		T
			T	B	O			
							N	

B, D, N, O, R, S, T, U, W

Puzzle 105 - Medium

	L						R	
		E			S			
R		N			L			
		L	F	W		R		
U		F				E		O
		S		R	O	L		
			N			W		U
			U			F		
	O						N	

E, F, L, N, O, R, S, U, W

Puzzle 106 - Medium

					I		N	C
	N						M	
M		E			A			P
N				L			E	
		O				C		
	A			I				M
A			L			E		I
	O						A	
E	M		P					

A, C, E, I, L, M, N, O, P

Puzzle 107 - Medium

	L			H	N		E	
H			O	T	C			L
					A			
	H	C					O	
	M				L			
	A				L	E		
		T						
A			L	C	E		T	
	O			A			C	

A, C, E, H, L, M, N, O, T

Puzzle 108 - Medium

	T				B			I
					G			
		B		N	E		G	A
						R		B
	B		G		T		D	
T		R						
N	E		D	B		I		
			E					
A			N				R	

A, B, D, E, G, I, N, R, T

Puzzle 109 - Medium

		E			T		A	
	U				R			F
		T	K	I				
C					U	K		
		F				E		
		I	R					A
				E	K	F		
E			F				C	
	R			I		A		

A, C, E, F, I, K, R, T, U

Puzzle 110 - Medium

		A	C	J		S		
		B	N		T			
				E				A
	C			U				E
	T		E		C		N	
E				B			S	
U				C				
			B		E	N		
		E			U	T		

A, B, C, E, J, N, S, T, U

Puzzle 111 - Medium

I			N	Z		S		
			D		E			
	S	C	I				E	
	I						G	N
N	Z						K	
	D			Z		I	C	
		C		D				
		K		I	N			G

C, D, E, G, I, K, N, S, Z

Puzzle 112 - Medium

			N	X	P			O
		I		E				N
				Y			X	R
		Y		C			N	
	I			O		R		
P	Y		O					
C				R		E		
I		N	P	Y				

C, E, I, N, O, P, R, X, Y

Puzzle 113 - Medium

		N		O		I		A
						P		O
		N		U				
N				S				
	I	O	A		N	T	R	
			U					S
			I		T			
U		R						
T		I		R		U		

A, I, N, O, P, R, S, T, U

Puzzle 114 - Medium

C			A	T				
T								G
	U		C	N		D		
		E	U		I			
	A					G		
	E		N	I				
	I		N	E		A		
D								I
		I	T					U

A, C, D, E, G, I, N, T, U

Puzzle 115 - Medium

C, D, E, L, O, P, Q, U, V

Puzzle 116 - Medium

A, B, C, E, M, R, S, U, V

Puzzle 117 - Medium

1	2	3	4	5	6	7	8	9
E	M		Z					
	U	S		O				
				I		U		M
	O		U					
	I			M			E	
					I		S	
Z		M		T				
				E		M	O	
				S			I	C

C, E, I, M, O, S, T, U, Z

Puzzle 118 - Medium

1	2	3	4	5	6	7	8	9
		E	X	I				
	R		T				E	
		O			E			K
		X	P					
E	I						O	X
					I	R		
O			Y			E		
	P				R		T	
				P	X	I		

E, I, K, O, P, R, T, X, Y

Puzzle 119 - Medium

D	F		L			N	W	
				N	E			
N	O	L			R			
						D	R	U
E	L	R						
			D			O	N	F
			E	O				
		O			F		L	D

D, E, F, L, N, O, R, U, W

Puzzle 120 - Medium

I		E						K
C				T	L			V
	T				I	E		
	V				T			
		I				C		
			V				E	
		C	T				I	
M			K	V				H
V						L		M

C, E, H, I, K, L, M, T, V

Puzzle 121 - Medium

H			K			F		
K					W	I		
	R				I	S	E	
	K				S	H		
	C	H					F	
	R	E	S			C		
		K	R					E
		S			F			R

C, E, F, H, I, K, R, S, W

Puzzle 122 - Medium

			U					E
							N	
			I	E	G		D	U
				U			C	T
		C	D		E	A		
N	U		T					
D	I		N	U	C			
	G							
U					D			

A, C, D, E, G, I, N, T, U

Puzzle 123 - Medium

A	H			U			N	
		I				A		
		T	N		A			
T					M		U	
			H		Y			
	M		T					H
			M		H	I		
		U				M		
	I			T			Q	Y

A, H, I, M, N, Q, T, U, Y

Puzzle 124 - Medium

			E		A		B	H
						E		Y
P					M		L	
			L	H		A		
			A		E			
		E		B	P			
	A		P					B
E		L						
S	M		H		B			

A, B, E, H, L, M, P, S, Y

Puzzle 125 - Medium

						H	D	
	E	C						
T				N	L		A	
		A			N			
H	T						E	D
			O			C		
	N		H	L				O
						T	L	
	H	T						

A, C, D, E, H, L, N, O, T

Puzzle 126 - Medium

			J				E	S
		J		E	T		A	
					A			U
X	J				E			
		E				U		
			P				T	X
U			O					
	E		S	T		P		
O	S				J			

A, E, J, O, P, S, T, U, X

Puzzle 127 - Medium

A			Y		R		N	
						A		
		T	N	D				
	E						L	Y
T			E		V			N
Y	D						E	
				V	L	N		
		D						
	V		A		D			T

A, D, E, L, N, R, T, V, Y

Puzzle 128 - Medium

			R					M
Y		H	A					
	M			Y	E			
H			M				D	A
W								O
O	E				D			R
			E	R			W	
					A	O		D
R				H				

A, D, E, H, M, O, R, W, Y

Puzzle 129 - Medium

					O	E	A	
		U	A					
	N		U	D				C
I			T			A		
	O							C
		T			C			N
A				T	I		E	
					U	D		
	T	E	D					

A, C, D, E, I, N, O, T, U

Puzzle 130 - Medium

	A		T				K	I
		I		R				A
	K				I			
		U	R					I
		K				N		
	I				T	U		
			N					U
	F			U		K		
U	T				O		R	

A, F, I, K, N, O, R, T, U

Puzzle 131 - Medium

C		B					K	
	G		B	H				I
				A				G
F			H				C	
			F		C			
	H				G			T
A			I					
I				G	F		B	
	B					I		H

A, B, C, F, G, H, I, K, T

Puzzle 132 - Medium

			T		N			
	G	A				H		
			H			E		A
		M		I			A	
I								R
	R			G		N		
N		R			A			
		I				A	M	
			N		E			

A, E, G, H, I, M, N, R, T

Puzzle 133 - Medium

		O		I				
T		Z				E	A	
F				E	D			
			D				E	
Z			F		A			I
	A		K					
		D	A					T
	D	I				A		O
				Z		K		

A, D, E, F, I, K, O, T, Z

Puzzle 134 - Medium

		Z	L		T		E	
			B					
	B	E				G		
		G	A			L		
F								S
		L			E	F		
		S				B	L	
					F			
	T		E		A	S		

A, B, E, F, G, L, S, T, Z

Puzzle 135 - Medium

M		I		A				
				O	P			
A	P		H					
	O	P			N	Y		
	H					A		
	N	C				P	M	
				H			P	Y
		O	P					
			Y			I		H

A, C, H, I, M, N, O, P, Y

Puzzle 136 - Medium

	Z		U	E	M	H		
U								
			H	S			U	Z
	L			X				
	M						Z	
		H					O	
X	E		L	M				
								H
		S	X	Z	H		M	

E, H, L, M, O, S, U, X, Z

Puzzle 137 - Medium

S	L				Y	R		
	I			C				
		C			F			
	R	L	S					
		F		L		S		
					C	I	R	
			L			Y		
				E			A	
		A	F				S	R

A, C, E, F, I, L, R, S, Y

Puzzle 138 - Medium

					H			
Q			T		P			
R		T	U					D
			O		U	D	H	
	H						O	
	Q	U	D		R			
U					Q	O		A
		A			T			Q
		Q						

A, D, H, O, P, Q, R, T, U

Puzzle 139 - Medium

W		B			G			T
		I				N		
T		N	J					
A	J		T	W				
				A	N		J	I
					B	I		W
		O				B		
B			N			T		G

A, B, G, I, J, N, O, T, W

Puzzle 140 - Medium

R				N	T	M		A
H				R		T	I	
						E		
	N				H		A	
	A		G				E	
		H						
	R	T		A				M
N		G	H	T				E

A, E, G, H, I, M, N, R, T

Puzzle 141 - Medium

M		E			U			I
					I			
				K	T	E		U
K							U	
L	D						S	T
	E							D
T		L	U	D				
			L					
E			M			U		S

D, E, I, K, L, M, S, T, U

Puzzle 142 - Medium

		S						A
Q	Y			K			U	
		A						K
	Y			U	L			
	I		E			S		
	K	Q			E			
Y				L				
	Q		A				L	Y
L					U			

A, E, I, K, L, Q, S, U, Y

Puzzle 143 - Medium

A, F, G, I, L, R, T, U, Y

Puzzle 144 - Medium

C, E, I, L, N, O, R, S, T

Puzzle 145 - Medium

S							A	
K				I	S	Q		
E			C		Q			S
			I			T		
	S						C	
		E			C			
I			S		K			R
		Q	R	E				I
	C							E

A, C, E, I, K, Q, R, S, T

Puzzle 146 - Medium

	B				T		E	
E				S		W		
I		O	W					
		R		W	F			
		F				B		
			O	I		E		
				W		I		S
		E		O				B
	F		T				W	

B, E, F, I, O, R, S, T, W

Puzzle 147 - Medium

M	C		H					
	H			M				
		L	T			M		
		M		U	T			Z
H								T
A			C	L		U		
		U			A	I		
				C			M	
					I		T	C

A, C, H, I, L, M, T, U, Z

Puzzle 148 - Medium

	G	S				H		
			A					D
		D	H					
H			D	C			O	
		A		S		H	T	
	W				G	T		H
					W		A	
G					S			
		T					O	G

A, C, D, G, H, O, S, T, W

Puzzle 149 - Medium

A, B, E, I, L, R, T, U, Z

Puzzle 150 - Medium

A, C, D, E, G, H, K, N, T

Puzzle 151 - Medium

B, E, I, L, N, P, R, T, U

Puzzle 152 - Medium

A, C, E, G, L, N, P, R, U

Puzzle 153 - Medium

			N					
	A	X					E	
B		N		D	S			
	S				O		B	
T								O
	N		A				D	
		B		A		O		T
	O					A	N	
					D			

A, B, D, E, N, O, S, T, X

Puzzle 154 - Medium

		E			A		F	I
		L	R					E
F					Z			
			L		E			
	F		R		Z		A	
	R		M					
	F							M
I			O	E				
Z	M		I		A			

A, E, F, I, L, M, O, R, Z

Puzzle 155 - Medium

				A			K	
			C		T			U
C						R		
	I				C		T	
	R		K	E	U		F	
	U		A			K		
		A						E
R				I		E		
	I			U				

A, C, E, F, I, K, R, T, U

Puzzle 156 - Medium

		A	S	W		I	L	
						D		
D								A
	S			D		A		
	L		G		R		B	
		B		S			I	
I								L
		G						
	R	D		B	G	W		

A, B, D, G, I, L, R, S, W

Puzzle 157 - Medium

	C		U		E			
O		E			F			
F	L				K			E
U	F							
E								O
							U	L
K			P				C	F
			E			K		T
			T		L		O	

C, E, F, K, L, O, P, T, U

Puzzle 158 - Medium

H		B	O				M	
R	E				D			C
		A	R		E			
E					H	B		
		D	A					M
			M		R		A	
M				C			R	E
	A					M		D

A, B, C, D, E, H, M, O, R

Puzzle 159 - Medium

F		L	Y					
T				A		W		
E	N			T	L			
						A	W	
Y								F
	F	W						
			R	W			E	T
		T		N				W
					T	F		L

A, E, F, L, N, R, T, W, Y

Puzzle 160 - Medium

G		N			Z			E
	I			S				
S				F	I			
	S	Z				E		
I								N
		E				Z	G	
			F	Z				B
				R			N	
E				I		R		G

B, E, F, G, I, N, R, S, Z

Puzzle 161 - Medium

A, I, M, R, S, T, U, Y, Z

Puzzle 162 - Medium

A, D, G, L, R, S, T, W, Y

Puzzle 163 - Medium

K				A			G	
			I	K		B	H	
	I				B		C	
	C							
		K	F		H	T		
							K	
	A		B				F	
	B	H		F	I			
	K			G				A

A, B, C, F, G, H, I, K, T

Puzzle 164 - Medium

N						L		
	E			C	L		Y	
		X		Y			A	
A								
X	C		T		U		N	A
								T
	L		N		X			
	N		U	E			L	
		U						Y

A, C, E, L, N, T, U, X, Y

Puzzle 165 - Medium

<table>
<tr><td></td><td></td><td>P</td><td></td><td></td><td></td><td>N</td><td></td><td>C</td></tr>
<tr><td>A</td><td></td><td></td><td>H</td><td>P</td><td></td><td></td><td></td><td></td></tr>
<tr><td>M</td><td></td><td>O</td><td></td><td></td><td></td><td></td><td>H</td><td></td></tr>
<tr><td></td><td></td><td></td><td>N</td><td></td><td></td><td></td><td>Y</td><td></td></tr>
<tr><td>Y</td><td></td><td>H</td><td>I</td><td></td><td>M</td><td>A</td><td></td><td>P</td></tr>
<tr><td></td><td>M</td><td></td><td></td><td></td><td>H</td><td></td><td></td><td></td></tr>
<tr><td></td><td>O</td><td></td><td></td><td></td><td></td><td>I</td><td></td><td>Y</td></tr>
<tr><td></td><td></td><td></td><td></td><td>I</td><td>O</td><td></td><td></td><td>H</td></tr>
<tr><td></td><td></td><td>A</td><td></td><td></td><td></td><td>O</td><td></td><td></td></tr>
</table>

A, C, H, I, M, N, O, P, Y

Puzzle 166 - Medium

<table>
<tr><td>R</td><td></td><td></td><td>E</td><td></td><td></td><td></td><td></td><td></td></tr>
<tr><td>E</td><td></td><td>F</td><td>U</td><td></td><td></td><td></td><td>L</td><td></td></tr>
<tr><td></td><td></td><td>P</td><td></td><td>S</td><td></td><td></td><td></td><td>I</td></tr>
<tr><td></td><td></td><td></td><td></td><td></td><td>E</td><td></td><td></td><td>P</td></tr>
<tr><td></td><td>F</td><td></td><td></td><td>G</td><td></td><td></td><td>I</td><td></td></tr>
<tr><td>U</td><td></td><td></td><td>S</td><td></td><td></td><td></td><td></td><td></td></tr>
<tr><td>P</td><td></td><td></td><td></td><td>R</td><td></td><td>L</td><td></td><td></td></tr>
<tr><td></td><td>L</td><td></td><td></td><td></td><td>G</td><td>E</td><td></td><td>S</td></tr>
<tr><td></td><td></td><td></td><td></td><td>S</td><td></td><td></td><td></td><td>U</td></tr>
</table>

E, F, G, I, L, P, R, S, U

Puzzle 167 - Medium

A								V
		Z	U	E			N	
U				D				
V			E				T	
	U						D	
	N				T			U
			R					T
	Z			V	U	A		
D								E

A, D, E, N, R, T, U, V, Z

Puzzle 168 - Medium

			N		A	T		
U			X	T				
	T				C			
		F				C	A	
N		A				X		D
	Y	X				F		
			A				Y	
				C	D			X
		C	U		Y			

A, C, D, F, N, T, U, X, Y

Puzzle 169 - Medium

A, E, F, G, H, I, N, R, T

Puzzle 170 - Medium

E, I, J, K, M, N, R, S, U

Puzzle 171 - Medium

	A		D		F			
F						Y	T	D
		E				A		
				A	S			
S			Y		D			R
	Y	S						
	K				E			
R	Y	D						K
			A		K		F	

A, D, E, F, K, R, S, T, Y

Puzzle 172 - Medium

					O	H	D	B
		E	D				U	
	O		H	P				N
						D		
	H		U		M		P	
		N						
E				H	N		O	
	P				E	M		
	N	U	O					

B, D, E, H, M, N, O, P, U

Puzzle 173 - Medium

A		L		E			I	
D		F			N			
			F					
	A		L			I	E	
L								T
	N	I			E		A	
					Y			
			T				Y	A
	T			F			L	D

A, D, E, F, I, L, N, T, Y

Puzzle 174 - Medium

			R				T	
		R			Y			
U		L			A			E
R							E	
	E	N		U		Y	L	
	A							T
A			N			E		H
			T			A		
	N				U			

A, E, H, L, N, R, T, U, Y

Puzzle 175 - Medium

A, D, E, I, J, S, T, U, V

Puzzle 176 - Medium

A, B, C, E, M, O, R, S, T

Puzzle 177 - Medium

	E	Q	I					
	U						Q	O
			J	E				I
U			Q				I	
		T			S			
	I			O				U
E			Q	R				
I	R						S	
				S	R	T		

E, I, J, O, Q, R, S, T, U

Puzzle 178 - Medium

C				D		S		
	H		N					
		E	O	U				H
T	N					E	H	
	S						O	
	U	H					C	T
O			N	T	U			
				U			T	
	C							S

C, D, E, H, N, O, S, T, U

Puzzle 179 - Medium

B, G, I, N, O, R, T, U, W

Puzzle 180 - Medium

A, C, E, I, L, P, S, U, Z

Solutions

Solution # 1

```
U O B L N I C M E
L I C B M E O N U
M N E U C O L B I
I C L O B M U E N
N B U I E C M L O
O E M N U L B I C
E L N C O B I U M
C M I E L U N O B
B U O M I N E C L
```

Solution # 2

```
R D G E K A B I N
I N A B G R D K E
B K E I D N G R A
G I K D N B A E R
A R N G I E K B D
D E B A R K I N G
E B D R A I N G K
N A I K E G R D B
K G R N B D E A I
```

Solution # 3

```
R W T D N I Z A O
N A O W T Z R D I
I Z D A O R W N T
Z O A I R D N T W
W T R O A N D I Z
D I N Z W T O R A
O N W T D A I Z R
A R I N Z W T O D
T D Z R I O A W N
```

Solution # 4

```
B G C A K T I F H
T K I F H C B G A
A H F G B I K T C
K A H C I G F B T
C B T K A F G H I
F I G H T B A C K
I C A B F H T K G
H T B I G K C A F
G F K T C A H I B
```

Solution # 5

```
K O H Y R E C M A
R E A M C O H Y K
M C Y A K H R E O
E K C R A M O H Y
O A R H Y C M K E
H Y M O E K A C R
A H O E M Y K R C
Y M K C O R E A H
C R E K H A Y O M
```

Solution # 6

```
S K E L P R J N I
N P I J K E S L R
L J R S I N E K P
E S K I R J N P L
P R L E N S K I J
J I N P L K R S E
I E J K S P L R N
R L S N J I P E K
K N P R E L I J S
```

Solution # 7

Solution # 8

Solution # 9

Solution # 10

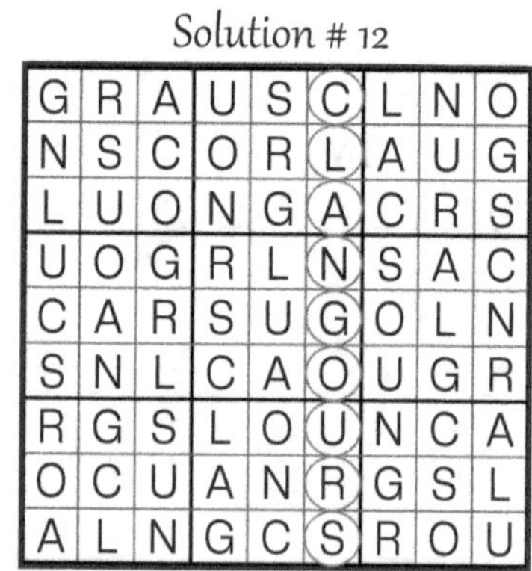

Solution # 11

Solution # 12

Solution # 13

```
E S I O M C K N Z
Z C M K N I O S E
N K O S Z E M I C
M E K N S Z C O I
I N S C O K Z E M
C O Z I E M S K N
S Z C E K N I M O
O M E Z I S N C K
K I N M C O E Z S
```

Solution # 14

```
N C I W L F O S H
W L H I S O C F N
F O S H N C W I L
H W O N C I S L F
S N C L F W H O I
I F L S O H N W C
L I N C W S F H O
C S F O H L I N W
O H W F I N L C S
```

Solution # 15

```
O X I P H A Y E M
Y A M I E O P H X
P H E X M Y O A I
I E O A P M H X Y
H Y P O X E M I A
A M X H Y I E O P
M O Y E A X I P H
E P A M I H X Y O
X I H Y O P A M E
```

Solution # 16

```
P A C I T Z U Y R
R I U P Y C T Z A
Z Y T R U A P C I
T R Z U A Y I P C
A C Y Z I P R U T
I U P C R T Y A Z
C T R Y Z U A I P
Y P A T C I Z R U
U Z I A P R C T Y
```

Solution # 17

```
E R K Y S X P D L
D X Y L P R E K S
S L P E K D R Y X
Y K E R L P X S D
L D S X E K Y P R
X P R D Y S L E K
P Y D K X L S R E
K E X S R Y D L P
R S L P D E K X Y
```

Solution # 18

```
T D E N U A O I C
C A U T I O N E D
O N I E C D U T A
E U O D A N I C T
N T A C O I E D U
D I C U T E A O N
I C T A E U D N O
U O D I N C T A E
A E N O D T C U I
```

Solution # 19

Solution # 20

Solution # 21

Solution # 22

Solution # 23

Solution # 24

Solution # 25

```
D O L N R W U E F
R F W D E U N O L
E N U F L O D W R
U R F O D L E N W
O L N W F E R U D
W E D U N R F L O
N U O R W F L D E
L W R E U D O F N
F D E L O N W R U
```

Solution # 26

```
S I X T A D F U E
F A D U E I S X T
E U T S F X D A I
A D S I U T E F X
I X F A S E T D U
T E U D X F A I S
U T E X D A I S F
D S I F T U X E A
X F A E I S U T D
```

Solution # 27

```
T U C B N S R O A
A N S C O R U B T
O R B T A U N S C
N B T R U O A C S
R S A N T C O U B
C O U A S B T R N
S C N O R T B A U
B T R U C A S N O
U A O S B N C T R
```

Solution # 28

```
E Q I O M Z C N A
N C Z A Q I E O M
A M O C E N Z Q I
O Z E N I A Q M C
M I N Q O C A E Z
Q A C E Z M O I N
C E M Z N Q I A O
I O A M C E N Z Q
Z N Q I A O M C E
```

Solution # 29

```
D P T R I E N A O
O R N A D P I T E
A E I T N O R D P
I D P O T R E N A
R A E N P I D O T
N T O D E A P R I
T I A P R D O E N
P O D E A N T I R
E N R I O T A P D
```

Solution # 30

```
A T W O S C G H D
D O H A T G C S W
C G S D W H A T O
S H O G D T W C A
T W C S O A H D G
G D A H C W S O T
O C D W G S T A H
H S G T A O D W C
W A T C H D O G S
```

Solution # 31

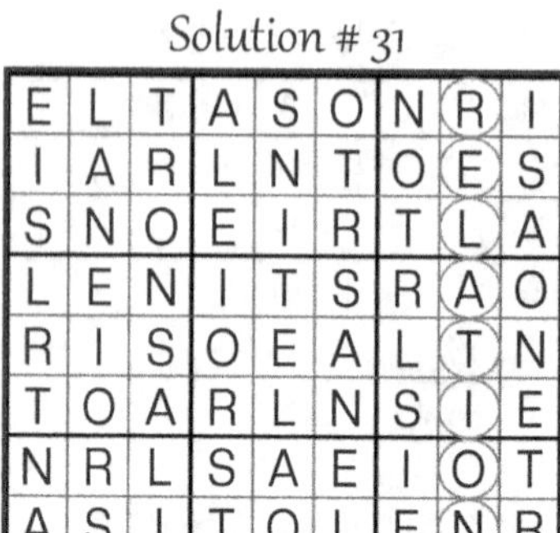

Solution # 32

Solution # 33

Solution # 34

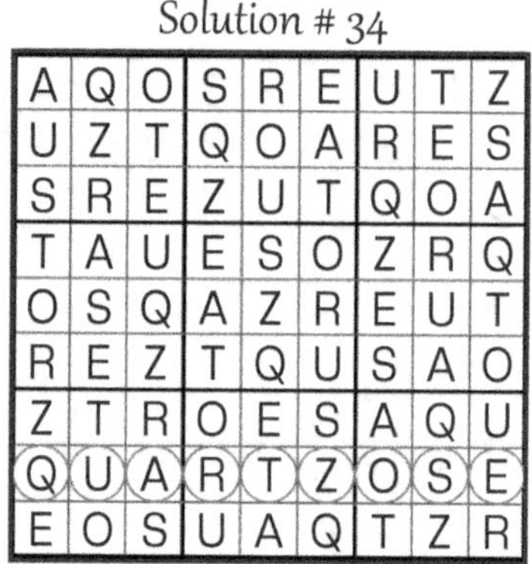

Solution # 35

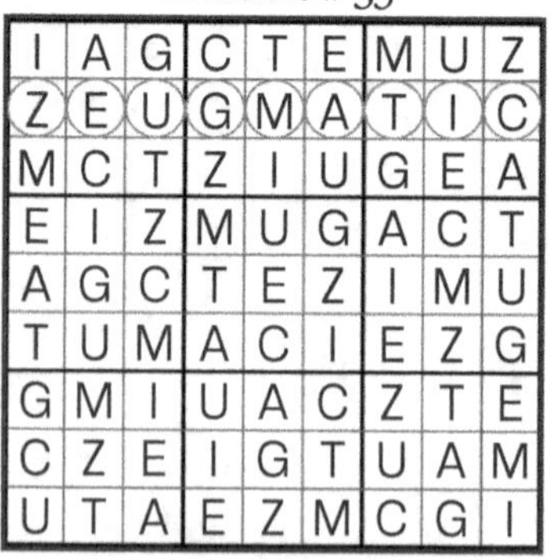

Solution # 36

Solution # 37

Solution # 38

Solution # 39

Solution # 40

Solution # 41

Solution # 42

Solution # 43

```
P T M I R E N Y O
Y R N P M O T E I
I E O N Y T M R P
O P T M E R Y I N
N Y E T I P O M R
M I R Y O N P T E
T N Y R P I E O M
R O P E T M I N Y
E M I O N Y R P T
```

Solution # 44

```
L I S D V O E R B
O D B S E R I V L
V R E L B I D S O
E L D B R V S O I
B S R O I L V D E
I V O E D S L B R
R O L I S D B E V
D E V R L B O I S
S B I V O E R L D
```

Solution # 45 / Solution # 46

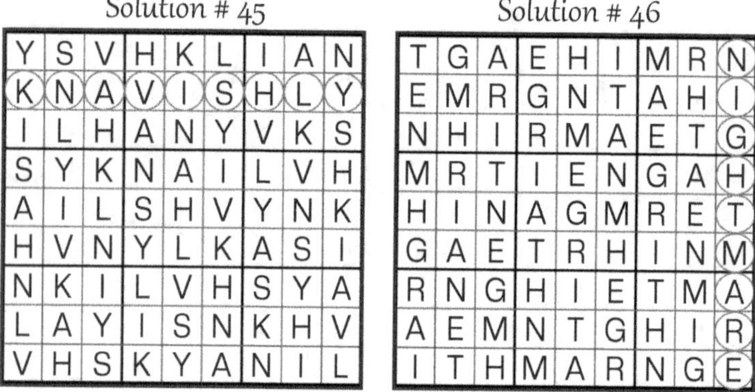

Solution # 47 / Solution # 48

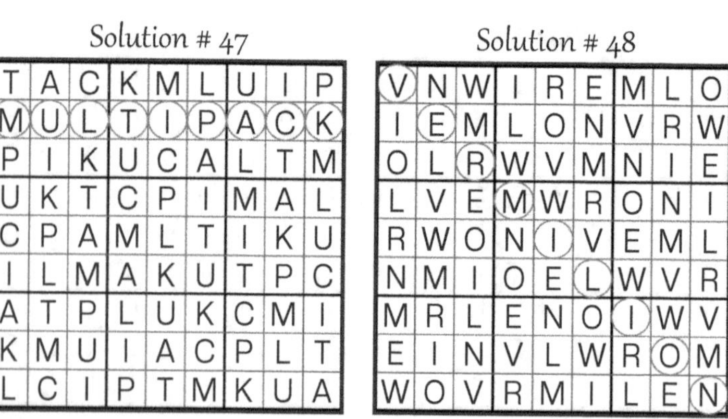

Solution # 49

Solution # 50

Solution # 51

Solution # 52

Solution # 53

Solution # 54

Solution # 55

Solution # 56

Solution # 57

Solution # 58

Solution # 59

Solution # 60

Solution # 61

C	L	D	E	R	T	M	O	X
X	O	E	M	C	L	R	D	T
T	M	R	O	X	D	E	L	C
E	X	L	R	T	O	D	C	M
D	C	T	X	E	M	O	R	L
O	R	M	L	D	C	X	T	E
R	D	X	C	L	E	T	M	O
L	T	O	D	M	X	C	E	R
M	E	C	T	O	R	L	X	D

Solution # 62

N	W	T	Q	G	H	E	O	I
O	I	H	T	W	E	N	Q	G
E	Q	G	I	N	O	W	H	T
T	E	Q	H	O	I	G	N	W
H	G	I	N	T	W	Q	E	O
W	N	O	E	Q	G	T	I	H
I	H	W	G	E	N	O	T	Q
G	T	N	O	I	Q	H	W	E
Q	O	E	W	H	T	I	G	N

Solution # 63

O	V	E	R	N	I	G	H	T
N	R	G	T	H	E	O	V	I
T	I	H	V	G	O	R	E	N
I	N	R	H	E	V	T	G	O
H	O	V	G	R	T	N	I	E
G	E	T	O	I	N	V	R	H
V	T	I	E	O	R	H	N	G
E	H	O	N	V	G	I	T	R
R	G	N	I	T	H	E	O	V

Solution # 64

S	O	R	Y	U	T	C	M	A
M	Y	U	A	R	C	T	O	S
A	C	T	O	M	S	R	Y	U
Y	A	O	S	C	R	U	T	M
C	U	S	T	O	M	A	R	Y
T	R	M	U	Y	A	O	S	C
U	M	A	R	T	Y	S	C	O
O	T	Y	C	S	U	M	A	R
R	S	C	M	A	O	Y	U	T

Solution # 65

U	L	E	S	O	R	A	V	M
M	A	R	V	E	L	O	U	S
O	V	S	M	U	A	E	R	L
S	O	V	E	M	U	L	A	R
R	E	L	O	A	S	U	M	V
A	M	U	L	R	V	S	O	E
E	U	M	R	L	O	V	S	A
V	R	A	U	S	E	M	L	O
L	S	O	A	V	M	R	E	U

Solution # 66

Y	M	A	C	R	U	O	S	T
R	T	O	Y	S	A	M	U	C
C	U	S	T	O	M	A	R	Y
U	O	C	A	Y	T	R	M	S
T	S	R	O	M	C	U	Y	A
M	A	Y	R	U	S	T	C	O
O	C	M	S	T	R	Y	A	U
A	Y	U	M	C	O	S	T	R
S	R	T	U	A	Y	C	O	M

Solution # 67

E	W	H	V	O	K	C	S	A
V	A	O	W	C	S	E	H	K
C	K	S	A	E	H	V	O	W
W	O	V	S	K	A	H	C	E
H	S	E	O	W	C	A	K	V
K	C	A	E	H	V	S	W	O
O	V	K	C	S	E	W	A	H
S	E	W	H	A	O	K	V	C
A	H	C	K	V	W	O	E	S

Solution # 68

S	C	L	A	M	Y	T	R	I
Y	I	T	L	R	C	A	M	S
R	A	M	T	I	S	C	Y	L
L	S	R	I	T	M	Y	C	A
A	T	C	Y	L	R	S	I	M
M	Y	I	C	S	A	L	T	R
I	L	A	M	Y	T	R	S	C
C	R	Y	S	A	I	M	L	T
T	M	S	R	C	L	I	A	Y

Solution # 69

P	K	R	A	U	E	J	M	C
M	A	U	J	P	C	E	R	K
E	J	C	M	R	K	U	P	A
A	M	P	E	C	J	R	K	U
C	R	K	U	M	P	A	J	E
J	U	E	R	K	A	M	C	P
U	P	M	C	E	R	K	A	J
R	C	A	K	J	U	P	E	M
K	E	J	P	A	M	C	U	R

Solution # 70

B	S	E	C	T	N	O	R	U
O	U	C	R	S	B	T	E	N
R	N	T	U	O	E	C	B	S
C	R	N	T	U	S	B	O	E
S	O	B	N	E	C	U	T	R
E	T	U	O	B	R	S	N	C
T	E	O	S	R	U	N	C	B
N	B	S	E	C	T	R	U	O
U	C	R	B	N	O	E	S	T

Solution # 71

H	T	L	Y	M	C	S	A	Z
M	A	Y	S	Z	H	C	L	T
Z	S	C	L	T	A	H	Y	M
C	Z	S	A	L	M	Y	T	H
Y	H	A	T	S	Z	M	C	L
T	L	M	H	C	Y	Z	S	A
A	Y	T	Z	H	S	L	M	C
L	M	Z	C	Y	T	A	H	S
S	C	H	M	A	L	T	Z	Y

Solution # 72

O	I	B	A	N	R	U	T	C
U	N	A	T	I	C	O	R	B
R	C	T	B	U	O	A	I	N
T	U	C	O	A	B	R	N	I
N	B	R	I	T	U	C	O	A
I	A	O	R	C	N	T	B	U
B	T	N	C	R	A	I	U	O
A	O	I	U	B	T	N	C	R
C	R	U	N	O	I	B	A	T

Solution # 73

A	N	D	G	I	B	E	R	K
I	G	E	N	R	K	A	D	B
K	R	B	A	D	E	G	I	N
N	D	A	E	K	I	B	G	R
G	I	R	B	A	N	D	K	E
B	E	K	R	G	D	N	A	I
E	K	I	D	N	G	R	B	A
D	A	N	I	B	R	K	E	G
R	B	G	K	E	A	I	N	D

Solution # 74

N	E	U	T	R	A	L	I	Z
I	Z	R	N	L	E	U	A	T
A	T	L	I	Z	U	E	R	N
E	A	I	Z	T	N	R	U	L
L	N	T	R	U	I	A	Z	E
R	U	Z	E	A	L	N	T	I
T	R	N	U	E	Z	I	L	A
U	I	A	L	N	T	Z	E	R
Z	L	E	A	I	R	T	N	U

Solution # 75

S	P	W	A	V	R	O	E	C
E	C	O	P	S	W	V	A	R
R	V	A	C	O	E	W	S	P
P	E	V	R	W	S	A	C	O
C	O	R	V	E	A	P	W	S
W	A	S	O	P	C	E	R	V
O	S	C	W	A	V	R	P	E
V	W	E	S	R	P	C	O	A
A	R	P	E	C	O	S	V	W

Solution # 76

A	U	O	R	Q	L	M	I	E
L	M	E	U	A	I	O	R	Q
I	R	Q	O	E	M	U	L	A
R	O	I	Q	L	A	E	M	U
E	Q	U	I	M	O	L	A	R
M	L	A	E	R	U	I	Q	O
Q	E	M	L	U	R	A	O	I
U	I	L	A	O	Q	R	E	M
O	A	R	M	I	E	Q	U	L

Solution # 77

I	M	N	P	G	T	A	E	R
G	P	R	I	E	A	M	N	T
T	E	A	R	N	M	P	G	I
M	G	E	T	A	P	R	I	N
R	T	P	N	I	E	G	M	A
N	A	I	G	M	R	T	P	E
A	N	T	M	P	I	E	R	G
P	R	G	E	T	N	I	A	M
E	I	M	A	R	G	N	T	P

Solution # 78

L	M	O	V	Y	R	I	A	X
I	Y	R	X	A	O	V	L	M
V	X	A	I	M	L	O	R	Y
R	O	X	M	V	I	A	Y	L
M	V	Y	L	R	A	X	O	I
A	I	L	Y	O	X	M	V	R
O	R	M	A	I	Y	L	X	V
X	A	I	R	L	V	Y	M	O
Y	L	V	O	X	M	R	I	A

Solution # 79

Solution # 80

Solution # 81

Solution # 82

Solution # 83

Solution # 84

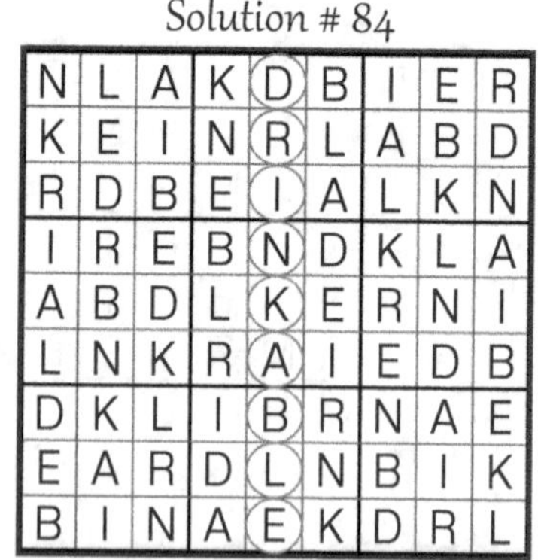

Solution # 85

E	S	T	N	D	P	Y	M	L
Y	N	P	E	L	M	T	D	S
M	L	D	S	T	Y	P	E	N
P	D	M	L	Y	N	E	S	T
S	Y	N	M	E	T	L	P	D
T	E	L	D	P	S	N	Y	M
L	P	Y	T	M	D	S	N	E
D	T	S	Y	N	E	M	L	P
N	M	E	P	S	L	D	T	Y

Solution # 86

N	T	M	E	R	P	A	I	S
R	S	E	A	T	I	N	M	P
I	P	A	N	M	S	R	T	E
M	N	R	T	I	E	S	P	A
P	A	T	M	S	N	I	E	R
S	E	I	P	A	R	T	N	M
E	R	N	S	P	T	M	A	I
T	M	S	I	E	A	P	R	N
A	I	P	R	N	M	E	S	T

Solution # 87

A	U	G	S	E	N	R	T	I
T	S	E	I	R	A	N	G	U
I	N	R	G	T	U	S	A	E
E	T	U	N	G	I	A	S	R
G	I	S	A	U	R	T	E	N
N	R	A	T	S	E	I	U	G
S	G	N	U	I	T	E	R	A
U	E	I	R	A	S	G	N	T
R	A	T	E	N	G	U	I	S

Solution # 88

S	L	E	V	G	I	W	A	R
I	W	V	A	R	L	G	S	E
R	G	A	E	S	W	V	I	L
W	R	I	L	A	G	S	E	V
A	S	L	I	V	E	R	W	G
E	V	G	R	W	S	A	L	I
G	I	R	S	E	A	L	V	W
L	A	W	G	I	V	E	R	S
V	E	S	W	L	R	I	G	A

Solution # 89

P	I	X	M	O	H	S	A	U
S	O	M	I	U	A	P	H	X
H	A	U	P	S	X	O	M	I
M	P	O	S	X	U	A	I	H
I	H	S	A	P	M	U	X	O
X	U	A	O	H	I	M	S	P
O	X	H	U	A	S	I	P	M
U	S	I	X	M	P	H	O	A
A	M	P	H	I	O	X	U	S

Solution # 90

O	T	E	L	Y	I	U	R	N
L	Y	N	O	R	U	I	E	T
U	I	R	N	T	E	L	Y	O
E	L	T	Y	U	O	R	N	I
I	N	Y	R	E	L	T	O	U
R	O	U	T	I	N	E	L	Y
N	U	I	E	L	Y	O	T	R
T	E	O	U	N	R	Y	I	L
Y	R	L	I	O	T	N	U	E

Solution # 91

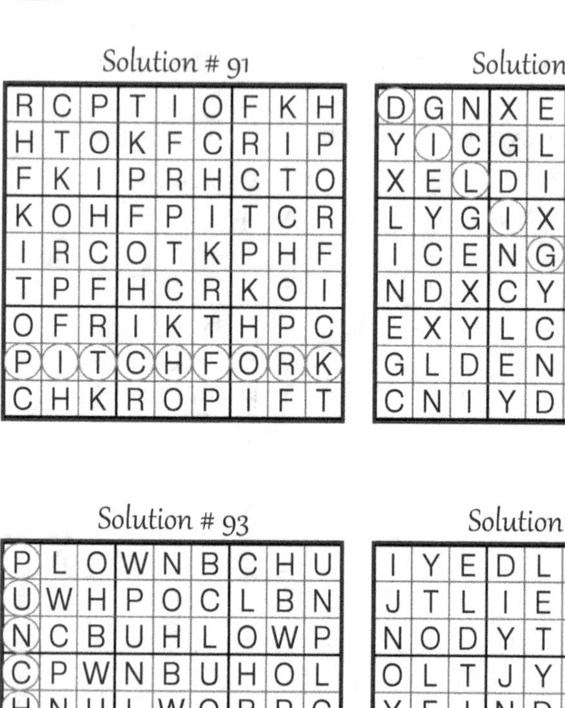

Solution # 92

Solution # 93

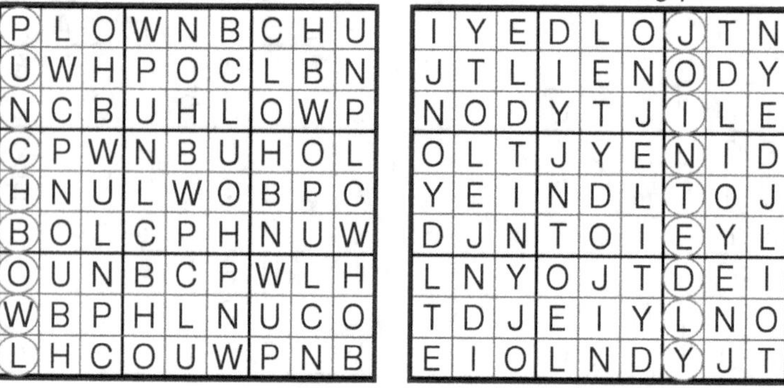

Solution # 94

Solution # 95

Solution # 96

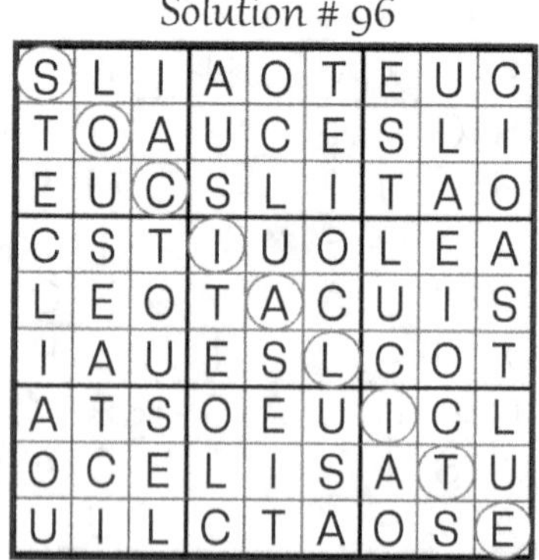

Solution # 97

U	I	L	C	N	B	A	E	J
A	B	E	J	I	U	C	N	L
C	N	J	A	E	L	U	I	B
I	C	A	N	B	E	J	L	U
J	U	B	I	L	A	N	C	E
E	L	N	U	J	C	B	A	I
B	J	I	E	C	N	L	U	A
L	A	C	B	U	I	E	J	N
N	E	U	L	A	J	I	B	C

Solution # 98

L	W	S	P	N	E	D	A	C
D	A	P	C	L	S	W	E	N
C	E	N	W	D	A	S	L	P
W	P	C	D	E	L	N	S	A
A	D	L	N	S	P	E	C	W
N	S	E	A	W	C	P	D	L
P	L	D	E	C	W	A	N	S
E	C	W	S	A	N	L	P	D
S	N	A	L	P	D	C	W	E

Solution # 99

I	C	W	S	P	H	K	O	T
S	T	O	C	K	W	H	I	P
K	H	P	T	I	O	S	C	W
W	O	T	P	S	K	I	H	C
P	I	H	O	C	T	W	K	S
C	K	S	W	H	I	P	T	O
O	S	K	H	T	P	C	W	I
H	W	C	I	O	S	T	P	K
T	P	I	K	W	C	O	S	H

Solution # 100

U	O	B	T	G	R	J	E	A
T	E	G	B	A	J	O	U	R
J	R	A	E	O	U	T	B	G
E	U	T	G	J	A	R	O	B
G	J	R	O	U	B	E	A	T
B	A	O	R	T	E	U	G	J
A	G	U	J	E	T	B	R	O
O	B	J	U	R	G	A	T	E
R	T	E	A	B	O	G	J	U

Solution # 101

E	H	J	T	C	O	N	R	U
T	N	O	U	E	R	C	J	H
R	U	C	N	J	H	E	T	O
N	C	E	O	R	J	H	U	T
H	R	T	C	U	E	O	N	J
O	J	U	H	T	N	R	C	E
C	E	R	J	H	U	T	O	N
J	O	H	R	N	T	U	E	C
U	T	N	E	O	C	J	H	R

Solution # 102

A	N	H	K	E	M	R	B	C
C	R	K	A	B	N	H	E	M
M	E	B	H	C	R	K	N	A
K	M	A	B	N	H	E	C	R
E	B	N	R	M	C	A	H	K
H	C	R	E	K	A	B	M	N
N	H	E	M	R	K	C	A	B
B	K	M	C	A	E	N	R	H
R	A	C	N	H	B	M	K	E

Solution # 103

Solution # 104

Solution # 105

Solution # 106

Solution # 107

Solution # 108

Solution # 109

I	F	E	C	U	T	R	A	K
K	U	C	E	A	R	I	T	F
R	A	T	K	I	F	U	E	C
C	E	R	A	F	U	K	I	T
A	K	F	T	C	I	E	U	R
U	T	I	R	K	E	C	F	A
T	C	A	U	E	K	F	R	I
E	I	K	F	R	A	T	C	U
F	R	U	I	T	C	A	K	E

Solution # 110

T	U	A	C	J	B	S	E	N
S	E	B	N	A	T	U	J	C
C	J	N	U	E	S	B	T	A
N	C	S	T	U	A	J	B	E
B	T	J	E	S	C	A	N	U
E	A	U	J	B	N	C	S	T
U	N	T	S	C	J	E	A	B
A	S	C	B	T	E	N	U	J
J	B	E	A	N	U	T	C	S

Solution # 111

I	E	G	N	Z	C	S	D	K
K	N	Z	D	S	E	G	I	C
D	S	C	I	K	G	N	E	Z
C	I	S	E	D	K	Z	G	N
G	K	E	Z	N	I	C	S	D
N	Z	D	G	C	S	E	K	I
S	D	N	K	G	Z	I	C	E
Z	G	I	C	E	D	K	N	S
E	C	K	S	I	N	D	Z	G

Solution # 112

Y	R	C	I	N	X	P	E	O
X	P	I	R	E	O	C	Y	N
O	N	E	C	P	Y	I	X	R
R	O	Y	E	C	P	X	N	I
N	C	P	X	I	R	Y	O	E
E	I	X	Y	O	N	R	C	P
P	Y	R	O	X	E	N	I	C
C	X	O	N	R	I	E	P	Y
I	E	N	P	Y	C	O	R	X

Solution # 113

R	S	N	T	O	P	I	U	A
A	U	T	R	S	I	P	N	O
I	O	P	N	A	U	S	T	R
N	R	U	O	T	S	A	P	I
S	I	O	A	P	N	T	R	U
P	T	A	U	I	R	N	O	S
O	N	S	I	U	T	R	A	P
U	P	R	S	N	A	O	I	T
T	A	I	P	R	O	U	S	N

Solution # 114

C	E	G	D	A	T	U	I	N
T	D	N	U	I	E	A	C	G
A	U	I	G	C	N	E	D	T
N	C	D	E	U	G	I	T	A
I	A	U	T	D	C	N	G	E
G	T	E	A	N	I	C	U	D
U	I	T	N	E	D	G	A	C
D	N	A	C	G	U	T	E	I
E	G	C	I	T	A	D	N	U

Solution # 115

```
D P C L E Q U V O
O E U V C D L Q P
Q L V U O P C D E
L Q D E P C O U V
V O E Q L U D P C
U C P D V O E L Q
E V Q O D L P C U
C D O P U V Q E L
P U L C Q E V O D
```

Solution # 116

```
U B V A M E C R S
C A E S V R B U M
S M R C B U A V E
M U B E C V S A R
E C A R S B U M V
V R S M U A E B C
R S C U A M V E B
B E U V R S M C A
A V M B E C R S U
```

Solution # 117

```
E M I Z U C S T O
C U S T O M I Z E
O T Z S I E U C M
T O E U S Z C M I
S I C O M T Z E U
M Z U E C I O S T
Z C M I T O E U S
I S T C E U M O Z
U E O M Z S T I C
```

Solution # 118

```
P K E X I O Y R T
X R Y T K P O E I
I T O R Y E P X K
R Y X P O T K I E
E I P K R Y T O X
K O T E X I R Y P
O X I Y T K E P R
Y P K I E R X T O
T E R O P X I K Y
```

Solution # 119

```
D F E L U O N W R
W R U F N E L D O
N O L W D R U F E
F W N O E L D R U
O U D N R W F E L
E L R U F D W O N
R E W D L U O N F
L D F E O N R U W
U N O R W F E L D
```

Solution # 120

```
I L E H C V M T K
C M K E T L I H V
H T V M K I E L C
L V H C E T K M I
E K I L M H C V T
T C M V I K H E L
K H C T L M V I E
M I L K V E T C H
V E T I H C L K M
```

Solution # 121

Solution # 127

A	L	V	Y	T	R	E	N	D
D	N	Y	V	L	E	A	T	R
E	R	T	N	D	A	Y	V	L
V	E	R	D	A	N	T	L	Y
T	A	L	E	Y	V	D	R	N
Y	D	N	L	R	T	V	E	A
R	Y	A	T	V	L	N	D	E
N	T	D	R	E	Y	L	A	V
L	V	E	A	N	D	R	Y	T

Solution # 128

D	W	E	R	H	O	Y	A	M
Y	R	H	A	W	M	D	O	E
A	M	O	D	Y	E	R	H	W
H	Y	R	M	O	W	E	D	A
W	D	A	Y	E	R	H	M	O
O	E	M	H	A	D	W	Y	R
M	O	D	E	R	Y	A	W	H
E	H	Y	W	M	A	O	R	D
R	A	W	O	D	H	M	E	Y

Solution # 129

T	D	I	C	N	O	E	A	U
O	C	U	A	I	E	N	D	T
E	N	A	U	D	T	O	I	C
I	E	C	T	U	N	A	O	D
U	O	N	I	A	D	T	C	E
D	A	T	O	E	C	I	U	N
A	U	D	N	T	I	C	E	O
N	I	O	E	C	U	D	T	A
C	T	E	D	O	A	U	N	I

Solution # 130

N	A	F	T	O	U	R	K	I
O	U	I	K	R	N	T	A	F
R	K	T	F	A	I	O	N	U
T	N	U	R	F	K	A	I	O
F	O	K	U	I	A	N	T	R
A	I	R	O	N	T	U	F	K
K	R	O	N	T	F	I	U	A
I	F	N	A	U	R	K	O	T
U	T	A	I	K	O	F	R	N

Solution # 131

C	T	B	G	F	I	H	K	A
K	G	A	B	H	T	C	F	I
H	F	I	C	K	A	B	T	G
F	I	G	H	T	B	A	C	K
T	A	K	F	I	C	G	H	B
B	H	C	K	A	G	F	I	T
A	C	T	I	B	H	K	G	F
I	K	H	A	G	F	T	B	C
G	B	F	T	C	K	I	A	H

Solution # 132

H	I	E	T	A	N	R	G	M
R	G	A	M	E	I	H	N	T
M	T	N	H	R	G	E	I	A
T	N	M	R	I	H	G	A	E
I	E	G	A	N	T	M	H	R
A	R	H	E	G	M	N	T	I
N	M	R	I	H	A	T	E	G
E	H	I	G	T	R	A	M	N
G	A	T	N	M	E	I	R	H

Solution # 133

Solution # 134

Solution # 135

Solution # 136

Solution # 137

Solution # 138

Solution # 139

W	O	B	A	N	G	J	I	T
J	A	I	W	B	T	N	G	O
T	G	N	J	I	O	A	W	B
A	J	G	T	W	I	O	B	N
I	N	W	B	O	J	G	T	A
O	B	T	G	A	N	W	J	I
N	T	J	O	G	B	I	A	W
G	W	O	I	T	A	B	N	J
B	I	A	N	J	W	T	O	G

Solution # 140

R	G	I	E	N	T	M	H	A
H	E	N	M	R	A	T	I	G
M	T	A	I	H	G	E	N	R
G	N	E	T	M	H	R	A	I
I	H	R	A	E	N	G	M	T
T	A	M	G	I	R	N	E	H
A	M	H	R	G	E	I	T	N
E	R	T	N	A	I	H	G	M
N	I	G	H	T	M	A	R	E

Solution # 141

M	T	E	S	L	U	D	K	I
D	U	K	E	M	I	S	T	L
I	L	S	D	K	T	E	M	U
K	M	I	T	S	D	L	U	E
L	D	U	I	E	M	K	S	T
S	E	T	K	U	L	M	I	D
T	K	L	U	D	S	I	E	M
U	S	M	L	I	E	T	D	K
E	I	D	M	T	K	U	L	S

Solution # 142

K	E	S	U	L	Q	Y	I	A
Q	Y	A	I	K	E	S	U	L
I	U	L	A	Y	S	Q	E	K
E	S	Y	K	I	U	L	A	Q
A	I	Q	L	E	Y	K	S	U
U	L	K	Q	S	A	E	Y	I
Y	K	I	S	U	L	A	Q	E
S	Q	U	E	A	K	I	L	Y
L	A	E	Y	Q	I	U	K	S

Solution # 143

G	U	I	R	Y	A	T	F	L
T	F	L	U	I	G	Y	R	A
A	R	Y	T	L	F	G	U	I
L	T	A	Y	R	U	I	G	F
U	Y	F	L	G	I	R	A	T
I	G	R	F	A	T	U	L	Y
Y	L	U	A	T	R	F	I	G
F	A	G	I	U	Y	L	T	R
R	I	T	G	F	L	A	Y	U

Solution # 144

T	L	C	R	S	E	O	N	I
O	S	E	N	C	I	L	R	T
I	R	N	O	L	T	C	E	S
N	O	R	I	T	L	S	C	E
S	C	L	E	R	O	T	I	N
E	T	I	C	N	S	R	L	O
L	E	O	T	I	C	N	S	R
R	I	S	L	O	N	E	T	C
C	N	T	S	E	R	I	O	L

Solution # 145

Solution # 146

Solution # 147

Solution # 148

Solution # 149

Solution # 150

Solution # 151

Solution # 152

Solution # 153

Solution # 154

Solution # 155

Solution # 156

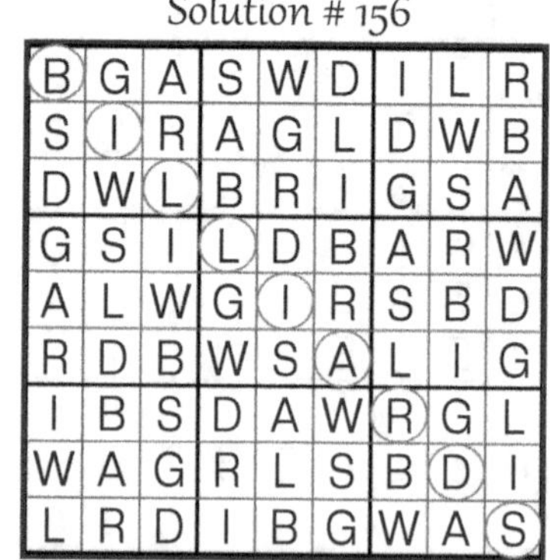

Solution # 157

T	C	P	U	L	E	O	F	K
O	K	E	C	T	F	U	L	P
F	L	U	O	P	K	C	T	E
U	F	K	L	O	P	T	E	C
E	T	L	F	C	U	P	K	O
P	O	C	K	E	T	F	U	L
K	E	T	P	U	O	L	C	F
L	U	O	E	F	C	K	P	T
C	P	F	T	K	L	E	O	U

Solution # 158

H	D	B	O	A	C	E	M	R
R	E	O	B	M	D	H	A	C
C	M	A	R	H	E	D	B	O
E	R	M	D	C	H	B	O	A
A	O	C	E	B	M	R	D	H
B	H	D	A	R	O	C	E	M
D	C	E	M	O	R	A	H	B
M	B	H	C	D	A	O	R	E
O	A	R	H	E	B	M	C	D

Solution # 159

F	W	L	Y	R	N	E	T	A
T	R	Y	F	A	E	W	L	N
E	N	A	W	T	L	R	F	Y
N	L	E	T	F	Y	A	W	R
Y	T	R	A	E	W	L	N	F
A	F	W	N	L	R	T	Y	E
L	Y	F	R	W	A	N	E	T
R	E	T	L	N	F	Y	A	W
W	A	N	E	Y	T	F	R	L

Solution # 160

G	F	N	R	B	Z	S	I	E
Z	I	R	E	S	N	G	B	F
S	E	B	G	F	I	N	Z	R
N	S	Z	B	G	F	E	R	I
I	R	G	Z	E	S	B	F	N
F	B	E	N	I	R	Z	G	S
R	N	S	F	Z	G	I	E	B
B	G	I	S	R	E	F	N	Z
E	Z	F	I	N	B	R	S	G

Solution # 161

M	R	Z	S	Y	I	A	T	U
I	A	Y	T	U	R	S	M	Z
T	S	U	M	A	Z	Y	I	R
Z	I	T	R	M	S	U	A	Y
Y	M	S	U	I	A	R	Z	T
A	U	R	Y	Z	T	M	S	I
S	Y	M	Z	T	U	I	R	A
R	T	I	A	S	Y	Z	U	M
U	Z	A	I	R	M	T	Y	S

Solution # 162

D	T	L	W	R	G	A	Y	S
R	A	Y	S	L	D	G	W	T
G	W	S	Y	T	A	L	D	R
S	G	R	T	W	L	Y	A	D
Y	D	W	G	A	S	R	T	L
T	L	A	D	Y	R	W	S	G
A	R	T	L	S	Y	D	G	W
W	Y	G	R	D	T	S	L	A
L	S	D	A	G	W	T	R	Y

Solution # 163

Solution # 164

Solution # 165

Solution # 166

Solution # 167

Solution # 168

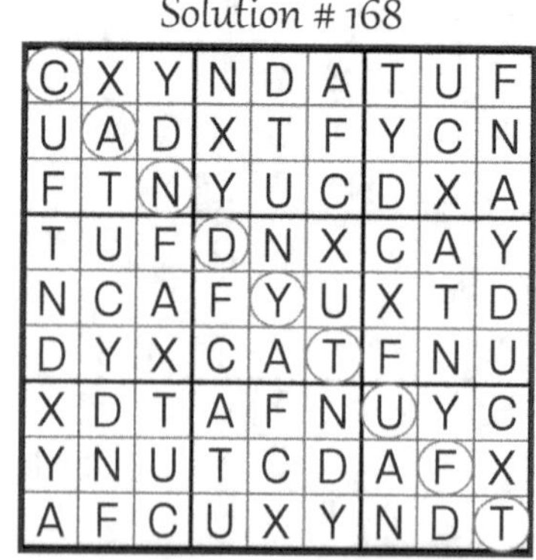

Solution # 169

Solution # 170

Solution # 171

Solution # 172

Solution # 173

Solution # 174

Solution # 175

S	T	I	J	D	E	V	U	A
J	E	V	A	U	T	S	I	D
U	A	D	S	I	V	T	E	J
D	J	A	T	S	I	E	V	U
E	U	T	V	J	A	I	D	S
I	V	S	D	E	U	J	A	T
A	S	J	E	V	D	U	T	I
T	I	E	U	A	S	D	J	V
V	D	U	I	T	J	A	S	E

Solution # 176

S	R	B	E	O	C	T	M	A
O	T	M	R	A	S	B	C	E
A	C	E	B	T	M	S	O	R
T	S	C	A	R	O	E	B	M
B	O	R	S	M	E	A	T	C
E	M	A	T	C	B	R	S	O
C	A	T	M	S	R	O	E	B
R	B	O	C	E	T	M	A	S
M	E	S	O	B	A	C	R	T

Solution # 177

T	E	Q	I	O	U	J	R	S
J	U	I	R	S	T	E	Q	O
S	O	R	J	E	Q	T	U	I
U	S	E	Q	R	J	O	I	T
O	Q	T	E	U	I	S	J	R
R	I	J	S	T	O	Q	E	U
E	T	S	U	Q	R	I	O	J
I	R	O	T	J	E	U	S	Q
Q	J	U	O	I	S	R	T	E

Solution # 178

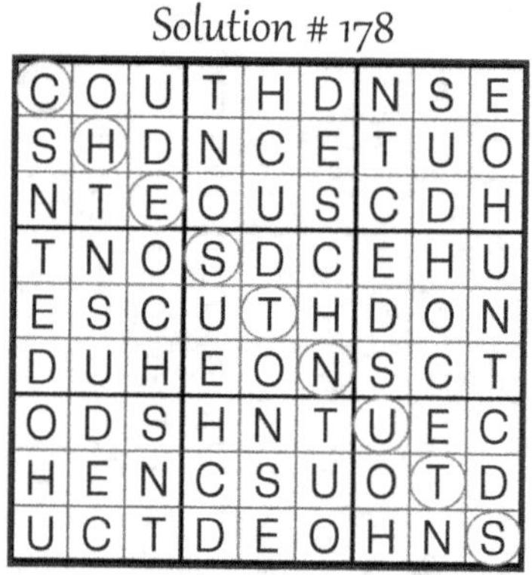

C	O	U	T	H	D	N	S	E
S	H	D	N	C	E	T	U	O
N	T	E	O	U	S	C	D	H
T	N	O	S	D	C	E	H	U
E	S	C	U	T	H	D	O	N
D	U	H	E	O	N	S	C	T
O	D	S	H	N	T	U	E	C
H	E	N	C	S	U	O	T	D
U	C	T	D	E	O	H	N	S

Solution # 179

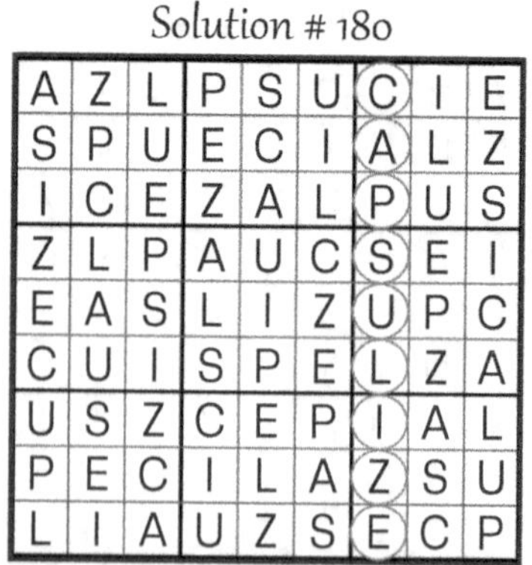

B	R	U	O	N	G	W	T	I
T	I	O	U	R	W	G	B	N
W	G	N	I	T	B	U	O	R
R	B	G	T	O	I	N	W	U
I	O	W	G	U	N	B	R	T
U	N	T	B	W	R	I	G	O
N	T	B	R	G	U	O	I	W
G	U	R	W	I	O	T	N	B
O	W	I	N	B	T	R	U	G

Solution # 180

A	Z	L	P	S	U	C	I	E
S	P	U	E	C	I	A	L	Z
I	C	E	Z	A	L	P	U	S
Z	L	P	A	U	C	S	E	I
E	A	S	L	I	Z	U	P	C
C	U	I	S	P	E	L	Z	A
U	S	Z	C	E	P	I	A	L
P	E	C	I	L	A	Z	S	U
L	I	A	U	Z	S	E	C	P